KB232473

진정한 용기

말씀과만남의 정신

도서출판 말씀과만남은 그리스도인들과 세상 모든 사람들이
하나님의 말씀과 만나 그 생각이 새로워지고 그 삶이 풍성해지도록 돕고 있습니다.

The Malsseum & Mannam Publishing House is helping
Christians and men in the world to meet with God' s Word, so that
they may have their spirits renewed and may have the abundant Life.

십대 크리스천 문화를 개척하는
40주제 생활 성경공부

진정한 용기

지은이 / 이 진 우

1판 1쇄 / 2003. 1. 20
발행처 / 말씀과만남
발행인 / 최 헌 근
등록번호 / 제20-444호
등록일자 / 1991. 6. 19

138-220 서울특별시 송파구 잠실동 339-3
Tel : (031) 594-6327, Fax : (031) 594-6328
편집부 : (02) 3273-8369, Fax : (02) 3273-8367
전자우편 : mmpress@hanmail.net

ISBN 89-7508-030-7
        89-7508-034-X(전4권)

정가 : 2,500원

잘못된 책은 바꾸어 드립니다.

십대 크리스천 문화를 개척하는
40주제 생활 성경공부

진정한 용기

이진우 지음

말씀과만남

글쓴이 이진우 목사는 일찍이 1985년에 중고등부용 『52주 성경공부』를 펴냄으로 한국 교회 청소년 제자훈련의 초석을 놓았다. 그 후 총회교육국을 거쳐 숭의여자중학교에서 교목으로 사역하며 수많은 청년, 청소년 집회와 교사 세미나에 강사로 활동했다.

그는 1990년대 초에 이미 단상집 및 교회 교육에 관한 책들과 다양한 성경공부 교재를 편찬해냈는데 간결한 문체와 때묻지 않은 내용 전개로 독자들로부터 많은 사랑을 받은 저술가였다. 그러던 중 도영하여 수학하며, 유학생 중심의 코밴트리 한인 교회를 잉글랜드 중부에 개척 자립한 후 견실한 교회로 일궈냈다.

총신대 종교교육학과와 동 신대원(BA, M. DIV.), 그리고 아신대대학원(Th. M.)을 졸업했으며, 영국 카펜웨이 바이블 스쿨과 미국 버지니아 리버티신학대학원 (D. Min.)을 졸업했다.

2000년 봄에 서울 창성교회의 청빙을 받아 귀국하여, 이 시대의 건강한 교회를 꿈꾸며 목회하고 있다. 또한 총신대에서 교육학과 리더십에 대하여 강의하면서 한국 교회를 섬기고 있다.

저서로는 『중고등부 40주제 생활성경공부』, 『우리는 하나님을 잊고 살지는 않는가』, 『신나는 주일학교 만들기』, 『청소년 살리기』, 『청소년 설교 이렇게』 등 다수가 있다.

P R E F A C E

"하나님이 그들(사람)에게 복을 주시며 그들에게 이르시되 생육하고 번성하여 땅에 충만
하라, 땅을 정복하라, 바다의 고기와 공중의 새와 땅에 움직이는 모든 생물을 다스리라 하
시니라"(창 1:28).

위 말씀을 우리는 하나님의 '문화 명령'(Cultural Mandate)이라고 부릅니다.
6일간에 걸쳐 우주 창조의 대 역사를 마치신 창조주께서는 만물의 영장으로 세
우신 아담에게 그와 같은 명령을 주셨습니다. 이 명령은 훗날 예수 그리스도를
통해 주셨던 바 복음 전파를 촉구하는 '지상 명령'(The Great Commission)보
다 시기적으로 앞서고 있습니다.

이제 예수 그리스도의 복음을 통하여 "새롭게 된"(고후 5:17) 사람들에게는
범죄 이전에 인간에게 주셨던 그 명령을 다시금 생각하고 실천에 옮기는 삶이
필요합니다. 특히 푸르른 예수의 젊은이들은 단지 자신이 예수를 믿고 있다는
의식 정도에 머물지 말고, 좀 더 적극적인 자세로 자신의 삶과 이 땅의 환경들
에 도전할 책임이 주어져 있습니다. 더 이상 세상은 비난이나 저주의 대상이
되어서는 안 되며, 더 이상 교회도 우리의 도피처가 되어서는 안 됩니다. 마땅
히 세상은 우리 그리스도인들의 일터임이 확인되어야 합니다.

그러나 나는 종종 예수를 믿는 우리의 십대들이 학교나 친구들 사이에서 주
눅이 들거나, 자신의 정체를 감추고 아예 타협해버리는 안타까운 모습을 보게

됩니다. 그 이유가 신앙이란 것은 교회에 관계되어 있는 사고나 행위이지, 이 세상의 삶에서는 별 능력이 없는 것이라는 왜곡된 생각 때문이라고 봅니다.

정말 우리가 믿는 하나님은 겨우 그 정도입니까? 성경은 우리들이 친구 관계로 아파할 때, 진로 문제로 고민할 때, 이성 친구 앞에서 멈칫거릴 때, 어떤 슬픔 앞에서 허덕일 때, 아무런 대안도 주지 못하는 단순한 종교 서적에 불과한 것입니까? 아닙니다. 성경은 놀랍게도 인간사의 모든 문제에 대한 해답을 가지고 있습니다. 살아서 역동하며 우리를 격려하고 꾸짖으며 인도해 가는 하나님의 능력의 도구가 바로 성경입니다.

이 교재 '40주제 생활 성경공부 시리즈'는 할 수 있는 한 '구체적'으로 우리 십대들이 겪는 삶의 갈등과 의문들을 추적하려 했습니다. 구성은 본문을 택하여 그 본문을 중심으로 연구해 나가는 귀납법적 방법과 주제별 방법을 적절히 혼용했습니다. 그러면서도 짜임새는 간략한 쪽을 택하여, 시간에 많은 제약을 받는 우리 기독학생들의 입장을 십분 고려했습니다.

아무쪼록 우리 십대들이 예수님을 더 사랑하고 성경을 더 아낄 수 있는 '예수 십대'들이 되기를 기원합니다.

2003년 새해
이진우

십대 크리스천 문화를 개척하는

진정한 용기

40주제 생활 성경공부

C O N T E N T S

십대 크리스천 문화를 개척하는
40주제 생활 성경공부

참된 우정

우리는 학교에서 지식만을 얻는 것이 아닙니다. 오히려 더 중요한 것을 얻습니다. 바로 친구입니다. 그 친구와 맺어가는 사랑과 신뢰를 우리는 우정이라 부릅니다. 참된 친구를 만나고 사귀는 일은 바로 우리 청소년기에 누리는 황금의 특권이라 할 수 있습니다. 한없이 삭막해져가는 세상에서 어떻게 따스한 우정을 만들어 갈 수 있을까요?

어떤 친구가 가장 좋은 친구라고 생각합니까? 당신에게는 그런 친구가 있습니까?

구약에는 지고한 우정의 이야기가 있습니다. 사무엘상 19장 1-7절을 읽으세요.

1 사울이 그 아들 요나단과 그 모든 신하에게 다윗을 죽이라 말하였더니 사울의 아들 요나단이 다윗을 심히 기뻐하므로 2 그가 다윗에게 고하여 가로되 내 부친 사울이 너를 죽이기를 꾀하시느니라 그러므로 이제 청하노니 아침에 조심하여 은밀한 곳에 숨어 있으라 3 내가 나가서 너 있는 들에서 내 부친 곁에 서서 네 일을 내 부친과 말하다가 무엇을 보거든 네게 알게 하리라 하고 4 요나단이 그 아비 사울에게 다윗을 포장하여 가로되 원컨대 왕은 신하 다윗에게 범죄치 마옵소서 그는 왕께 득죄하지 아니하였고 그가 왕께 행한 일은 심히 선함이니이다 5 그가 자기 생명을 아끼지 아니하고 블레셋 사람을 죽였고 여호와께서는 온 이스라엘을 위하여 큰 구원을 이루셨으므로 왕이 이를 보고 기뻐하셨거늘 어찌 무고히 다윗을 죽여 무죄한 피를 흘려 범죄하려 하시나이까 6 사울이 요나단의 말을 듣고 맹세하되 여호와께서 사시거니와 그가 죽임을 당치 아니하리라 7 요나단이 다윗을 불러 그 모든 일을 알게 하고 그를 사울에게로 인도하니 그가 사울 앞에 여전히 있으니라

이스라엘의 초대 왕 사울이 그 내리막길을 달릴 때 하나님의 기대를 받는 청년 다윗이 등장합니다. 사울은 다윗을 경계하며 때만 되면 죽이려고 기회를 노립니다. 그러나 요나단은 다윗이 왕위를 계승할 수 있도록 아버지 사울과의 사이에서 중보 역할을 잘 수행합니다.

• 맹세하되 … 죽임을 당치 아니하리라(6절) : 사울은 요나단의 간곡한 말을 듣고 잠정적으로 돌이킨다.

본문을 요약해 보세요.

....

....

❶ 사울왕의 명령은 어떤 것이었습니까? 그러나 요나단의 마음은 어떠했습니까? (1절)

....

....

❷ 요나단이 다윗을 위하여 행한 일 두 가지는 무엇입니까?

첫 번째, (2, 3절) .... 에게

내용 : ....

두 번째, (4, 5절) .... 에게

내용 : ....

❸ 이에 대한 부친 사울의 반응은 어떠했습니까?

....

요나단의 설득은 분명히 정당한 것이었습니다.

❶ 사울의 뒤를 이어 누가 왕이 될 것으로 사람들은 생각했을까요?

....

그렇다면 요나단이 다윗에게 지속적인 우정을 보이는 것은 과연 가능한 일이 었을까요?

....

❷ 당신 곁의 사람은 라이벌입니까 친구입니까? 그리스도인으로서 참된 우정을 만들기 위해 다음의 성구를 읽고 내게 무엇이 필요한지 생각해 보세요.

에베소서 4장 32절 ....

....

빌립보서 2장 3-4절 ....

....

❸ 특히 주위에 있는 믿지 않는 친구들에게 우리는 무엇을 할 수 있습니까? (롬 10:14, 15)

....

....

누구를 대상으로 어떻게 추진하겠습니까?

....

학교생활에서 연약한 급우를 찾아가는 사랑을 가져 보세요. 무시당하거나
거절당하는 아이들에게 다가가 만나 보세요. 웃음거리가 되는 아이를 위
로해 주세요. 그들을 교회 모임에 초청하고, 나와 더불어 점심을 먹자고
초청해 보세요. 그들과 얘기를 나누며 질문을 많이 해보세요. 가능하면
저녁식사에도 초대하고 가까운 친구들 사이에 끼워 주세요. 기독학생으로
서의 삶은 세상이 어렵고 험할지라도 나아가서 사랑을 실천하고 상처받
은 사람에게 관심을 가지는 것입니다.

❶ 데살로니가전서 5장 14절을 읽고 자신의 다짐을 써 보세요.

....

좋은 친구를 찾는 것보다 더 중요한 것은 내가 좋은 친구가 되는 일입니
다. 그보다 더 중요한 것은 바로 오늘 그 일을 시작하는 것입니다.

겸손의 미

오늘날은 자기 P · R(선전)의 시대라고들 합니다. 그래서 철저히 자기 중심적인 사람의 특징은 입을 다물 겨를이 없이 자기 자랑을 한다는 것입니다. 우리는 자주 겸손을 말합니다. 그러나 친구간에 심지어는 교회 안에서도 그룹을 지으며 말하기를, "저 아이와는 수준이 안 맞아!"라고 우쭐댑니다. 진실로 겸손은 기독교 최고의 도덕이라고 할 수 있습니다. 흔히 기독교를 사랑의 종교라고 합니다. 그러나 그 사랑은 겸손을 뿌리로 하고 피어난 꽃에 불과하다고 볼 수 있습니다. 그 뿌리가 마를 때면 그 꽃은 자연히 시들고 말 것입니다.

'내가 보았던 교만한 사람'이라는 제목으로 의견을 나누어 보세요.

마음을
열고

예수님의 제자들 사이에도 언제나 '누가 높은가' 하는 것은 그들의 중요한 관심사였습니다. 마가복음 10장 35-45절을 읽으세요.

말씀을
펴서

35 세베대의 아들 야고보와 요한이 주께 나아와 여짜오되 선생님이여 무엇이든지 우리의 구하는 바를 우리에게 하여주시기를 원하옵나이다 36 이르시되 너희에게 무엇을 하여 주기를 원하느냐 37 여짜오되 주의 영광 중에서 우리를 하나는 주의 우편에, 하나는 좌편에 앉게 하여 주옵소서 38 예수께서 가라사대 너희 구하는 것을 너희가 알지 못하는도다 너희가 나의 마시는 잔을 마시며 나의 받는 세례를 받을 수 있느냐 39 저희가 말하되 할 수 있나이다 예수께서 이르시되 너희가 나의 마시는 잔을 마시며 나의 받는 세례를 받으려니와 40 내 좌우편에 앉는 것은 나의 줄 것이 아니라 누구를 위하여 예비되었든지 그들이 얻을 것이니라 41 열 제자가 듣고 야고보와 요한에 대하여 분히 여기거늘 42 예수께서 불러다가 이르시되 이방인의 소위 집권자들이 저희를 임의로 주관하고 그 대인들이 저희에게 권세를 부리는 줄을 너희가 알거니와 43 너희 중에는 그렇지 아니하니 너희 중에 누구든지 크고자 하는 자는 너희를 섬기는 자가 되고 44 너희 중에 누구든지 으뜸이 되고자 하는 자는 모든 사람의 종이 되어야 하리라 45 인자의 온 것은 섬김을 받으려 함이 아니라 도리어 섬기려 하고 자기 목숨을 많은 사람의 대속물로 주려 함이니라

예수님은 자신의 수난을 예고했으나, 제자들의 생각은 다른 곳에 있었습니다. 그들은 머지않아 지상에 메시야 왕국이 건설될 것이라는 기대감에 잔뜩 부풀어 있었습니다.

본문의
이해

- 주의 영광 중에(37절) : 예수께서 왕국을 세우실 때에
- 우편에, 좌편에 : 왕과 가장 가깝고 왕 다음 가는 권세의 자리를 뜻함
- 대인(42절) : 권력을 행사하는 왕의 신하를 가리킴

본문을 간략하게 요약해 보세요.

....

....

말씀을 살피고

❶ 야고보와 요한이 주님께 무엇을 요구했습니까? (37절)

....

그러나 그들은 예수님의 뜻을 전혀 이해하지 못하고 있었습니다.

❷ 이때 다른 열 제자들의 반응은 어떠합니까? (41절)

....

여기에 비춰볼 때 다른 제자들의 상태는 어떠합니까? 만일 당신이 그 자리에 있었다면 어떻게 했을까요?

....

....

❶ 여기서 예수님은 최고의 도를 가르치십니다. 정리해 보세요.

• 세상에서는 (42절)

• 교회에서는 (43, 44절)

그래서 예수님께서는 몸소 표본이 되셨습니다. 45절을 요약해 보세요.

세상에서는 얼마나 지배했는가가 중요하지만, 하나님 나라의 질서는 그 반대입니다. 거기서는 높은 지위가 아니라 다른 사람을 얼마나 섬겼는가에 의해서 평가 됩니다.

❷ 기독교 신앙의 거인이라고 불리우는 사도 바울은 겸손의 가치를 알고 실천한 사람임이 분명합니다. 고린도전서 15장 9, 10절을 요약해 보세요.

❸ 우리 안에 교만의 찌꺼기가 남아 있을 때 어떤 현상이 일어납니까?

• 마태복음 7장 3절

놀라운 것은 교만한 사람은 다른 사람의 교만을 가장 잘 알아 차린다는 사실입니다. 그리고 차마 견딜 수 없어 합니다. 왜냐하면 자기 자신 속에 있는 교만의 영이 즉시 반응하기 때문입니다.

❹ 사람은 어릴 때에는 누가 힘이 센가, 누가 키가 큰가를 비교하고 점점 자라면서부터는 누가 큰 집에 살고 있는가를 비교합니다. 그렇다면 오늘날의 사람들은 무엇으로 자신을 드러내기 위해 애쓸까요?

• 세상 사람들 : ....

• 교회안에서는 : ....

다 같이 빌립보서 2장 5-8절을 읽으세요.

겸손과 믿음은 일치됩니다. 예수께서 백부장을 가리켜 "그와 같이 큰 믿음을 가진 자를 보지 못했도다." 말씀하실 때에 그는 "주여! 당신이 내 집에 들어오심을 감당치 못하겠나이다."라고 겸손하게 엎드렸습니다. 우리가 사람의 영광만을 추구하며, 열심내는 한 우리는 하나님께로부터 나오는 영광을 받을 수 없습니다. 물이 낮은 곳부터 고이듯이 하나님의 은혜도 낮아진 심령에 임합니다.

❶ 당신 속에 감추어진 교만은 무엇입니까?

....

....

겸손을 실천하기 위해 당장 할 수 있는 일은 무엇입니까?

대화의 기술

의사소통(Communication)이라고 하는 것.
목석같은 사람하고도?

너무 말을 안하는 것과 너무 말을 많이 하는 것. 이는 대화상의 전형
적인 문제점으로써 우리는 때때로 그런 경우를 당하기도 하고 또 계
속적으로 그런 문제에 시달리기도 합니다. 어떤 사람은 자신의 문제가
대화의 빈곤이라고 생각합니다. 하지만 꼭 그렇지만은 않습니다. 왜냐
하면 침묵조차도 대화의 한 형태이기 때문입니다.

'말을 잘하는 사람' 은 어떤 사람인지 생각을 말해 보세요.

마음을 열고

....

....

....

....

....

잠언 18장 2, 4절을 읽고, 각 절을 자신이 이해한 말로 써 보세요.

말씀을 펴서

2 미련한 자는 명철을 기뻐하지 아니하고 자기의 의사를 드러내기만 기뻐하느니라 4 명철한 사람의 입의 말은 깊은 물과 같고 지혜의 샘은 솟쳐 흐르는 내와 같으니라

2절 :

....

....

4절:

....

....

당신을 남에게 알리는 것은 친교의 깊이를 더해 나가는 일에 중요하나 그 것이 용납하는 기술보다 더 우선되지는 않습니다. 다른 사람의 생각을 받 아들이고 그들의 감정 상태를 당신에게 쏟도록 하는 것은 진정한 사랑의 행동입니다. 내가 다른 사람에게 이런 식으로 반응을 보일 때, 그를 용납 하는 것이 되고 그들이 그렇게도 필요로 하는 것을 제공해주는 셈이 됩니 다. 잠언은 이 점에 대해 지혜로운 자와 미련한 자의 모습을 제시해 줍니 다.

다음의 각 경우의 예를 들어보고, 이에 대한 해결로 주어지는 말씀을 찾아 보 세요.

❶ 의사 소통에 있어서의 문제점들

- 화약 같은 말 : ....

....

  잠언 18장 21절 ⇒ ....

....

- 침묵 : ....

- 실망시키는 말 : ....

....

  로마서 14장 13절 ⇒ ....

- 빗대어 하는 말 : ....

- 방어적인 말 : ....

  잠언 23장 12절 ⇒ ....

- 감정적인 말 : ....

  잠언 20장 3절 ⇒ ....

- 이중적인 말 : ....

  에베소서 4장 25절 ⇒ ....

- 상대방의 말을 가로채서 말함 : ....

• 수다스러운 말 : ....

....

 잠언 10장 19절 ⇒ ....

....

• 경험하지 않음 : ....

....

 야고보서 1장 19절 ⇒ ....

....

말씀뜻 발견

❶ 에베소서 4장 29절을 자신의 말로 써 보세요.

....

....

....

....

....

바울은 우리가 다른 사람을 세워줄 때 그들에게 유익한 말을 하라고 권
면하고 있습니다.

다른 사람의 말을 경청하는 것은 "나는 한 사람으로서의 당신에게 관심이 있습니다. 혹 당신의 생각에 동의하지는 않을지라도 그 생각들을 존중합니다. 그것이 당신에게는 귀중한 생각들인 것을 알기 때문입니다. 나는 단지 당신을 이해하고자 합니다. 당신의 말은 들을 가치가 있다고 생각합니다. 그리고 나는 당신의 대화 상대가 될 수 있는 사람이라는 것을 당신이 알아주기를 원합니다."라는 말입니다.

당신의 대화 습관 속에 문제가 있는 것은 무엇이라고 생각합니까? 혹. 지난날 당신의 부주의한 말로 누군가에게 상처를 주었던 기억이 있는지 생각해 보세요. 그리고 그와의 회복을 위해 어떻게 할건지 구체적으로 계획과 결심을 해 보세요.

근면 그리고 겸손

어떤 사람들은 편하게 놀고 먹고 누리며 사는 것이 생의 목표라고도 합니다. 그러기 위해 돈을 벌어야 하며, 돈이 있으면 얼마든지 호화롭고 사치하게 살 수 있을 것이라고 기대하고 있습니다. 그들은 말합니다. "편안하게 살기 위해서는 돈이 얼마나 필요할까?" 얼마를 벌든 그들의 대답은 아마 '조금만 더'일 것입니다. 어떻게 해서든지 더 많이 소유하고 누리려 합니다. 그러나 만물은 하나님의 것입니다. 하나님은 우주 만물의 조성자이시며 창조주이시기 때문에 이 모든 것이 하나님의 것입니다.

당신의 용돈은 어느 정도입니까? 그것의 사용 항목과 비율은 어떻습니까?

....

....

디모데전서 6장 6-10절을 읽으세요.

6 그러나 지족하는 마음이 있으면 경건이 큰 이익이 되느니라 7 우리가 세상에 아무것도 가지고 온 것이 없으매 또한 아무 것도 가지고 가지 못하리니 8 우리가 먹을 것과 입을 것이 있은즉 족한 줄로 알 것이니라 9 부하려 하는 자들은 시험과 올무와 여러가지 어리석고 해로운 정욕에 떨어지나니 곧 사람으로 침륜과 멸망에 빠지게 하는 것이라 10 돈을 사랑함이 일만 악의 뿌리가 되나니 이것을 사모하는 자들이 미혹을 받아 믿음에서 떠나 많은 근심으로써 자기를 찔렀도다

본문은 그리스도인의 돈과 경건에 관하여 설명하고 있습니다.

• 자족하는(6절) : 스스로 족한 줄 아는, 세상 재물은 우리의 것이 아니기 때문에 우리는 가진 것으로 만족해야 한다(빌 4:10-13).
• 침륜과 멸망에(9절) : 재물에 대한 억제할 수 없는 욕망은 사람을 패망시킨다. 하나님과 재물을 겸하여 섬길 수는 없는 일이다(마 19:22-24).
• 자기를 찔렀도다(10절) : 물질을 추구하는 자는 그 물질이 결국 그에게 많은 근심이 된다는 뜻
• 믿음에서 떠나(10절) : 방황하며 떠돌아 다닌다는 말

본문을 쉽게 다시 써 보세요.

....

....

**말씀을
살피고**

❶ 늘 불만스럽고 물질적 갈증을 느끼는 사람에게는 무엇이 필요합니까? (6절)

....

바울은 믿음이 있었기에 만족할 수 있었습니다. 그도 가난과 궁핍을 느꼈던 때가 분명 여러 번 있었을 것입니다. 그러나 그는 하나님의 공급하심과 긍휼하심을 확신하고 있었습니다.

❷ 7절과 같은 뜻을 가진 우리 나라 전래의 말을 아십니까?

....

그렇다면 우리는 어떻게 함이 마땅합니까? (마 6:19, 20)

....

....

....

❸ 땅에서 부하려 하는 자들의 결말은 어떠합니까?

....

....

❶ 악의 뿌리는 무엇입니까? (10절)

말씀뜻 발견

결코 돈이나 물질 자체가 죄가 아님을 구분하자, 만일 당신에게 10만원의 용돈이 주어졌다면, 어디에 어떻게 쓸것인지 구체적으로 써 보세요.

우리가 돈을 어디에 쓰고 있는가를 검토해 보는 것은 바람직한 일입니다. 안락함을 위하여 얼마나 쓰고 있으며, 과시하기 위해서는 얼마를 사용합니까? 남을 위해서는 얼마나 쓰며 자신을 위해서는 얼마를 쓰고 있습니까? 꼭 필요한 곳에는 얼마를 사용하며 일시적 유행을 위해서는 얼마를 사용합니까?

❷ 우리는 열심히 일하여 재물을 소유할 수 있습니다. 그러나 물질에 관하여 그리스도인의 마땅한 자세는 무엇입니까? (고전 4:7)

당신이 옷을 사는 기준은 무엇입니까? 또 학용품을 고르는 기준은 무엇입니까?

....

....

그것은 그리스도인으로서 타당한 것입니까? 그렇지 않으면 어떻게 바꾸어야 할까요?

....

....

❸ 어떤 이들은 '내 돈 내 맘대로 쓴다'고 하면서 사치하고 식도락을 즐깁니다. 그들은 무엇을 기억해야 했을까요? (신 8:17, 18)

....

....

....

우리가 소유하고 있는 돈은 그 용도가 하나님을 위해, 이웃을 위해, 자신과 가족을 위해로 구분이 됩니다. 그 각각의 예를 들어 보세요.

• 하나님 :

• 이웃 :

• 자신과 가족 :

소득이 적은 것은 죄가 아닙니다. 당신은 소유를 사용하는 방법과 또 그에 대한 자세를 세상 사람들에게 보여줄 수 있어야 합니다. 자신을 이웃과 비교하지 말고 공급해 주시는 하나님을 신뢰하며 주신 물질을 지혜롭게 사용할 수 있도록 도우심을 구함으로 당신의 가치와 우선 순위들을 정해야 합니다.

우리는 베푸는 법을 배워야 하며(딤전 5:8), 적게 쓰는 법을 알아야 합니다. 충동 구매를 피해야 하며, 소비를 할 때마다 숙고하여 그 목적을 분명히 해야 합니다. 그리고 미리 계획을 하고 지출해야 합니다.

돈을 사용하는 자신의 자세에서 우선적으로 수정되어야 할 점을 찾아보세요. 그리고 이 문제를 놓고 기도하세요.

진정한 용기

"다 끝났어."

"내게는 이제 아무런 소망이 없어."

사람들은 뜻밖의 곤경에 처할 때 쉽게 이렇게 말합니다.

그러나 우리 그리스도인에게 있어서 진정한 용기는 자기 자신에게서 기인하는 것이 아니라, 나를 구속하신 예수 그리스도께 그 뿌리를 두고 있습니다(롬 5:1).

자, 우리가 삶을 살아갈 때 참된 용기를 지니는 비결은 무엇일까요?

당신 주변에서 참으로 '용기있는 사람'을 본 적이 있다면, 그것은 언제, 어떤 경우에서였습니까?

....

....

....

....

....

당당하게 믿음의 길을 걷는 사람이 무엇에 관해 생각하고 무엇에 관해 생각하지 말아야 할 것인지 빌립보서 4장 6–9절을 읽으세요.

 6 아무것도 염려하지 말고 오직 모든 일에 기도와 간구로, 너희 구할 것을 감사함으로 하나님께 아뢰라 7 그리하면 모든 지각에 뛰어난 하나님의 평강이 그리스도 예수 안에서 너희 마음과 생각을 지키시리라 8 종말로 형제들아 무엇에든지 참되며 무엇에든지 경건하며 무엇에든지 옳으며 무엇에든지 정결하며 무엇에든지 사랑할만하며 무엇에든지 칭찬할만하며 무슨 덕이 있든지 무슨 기림이 있든지 이것들을 생각하라 9 너희는 내게 배우고 받고 듣고 본 바를 행하라 그리하면 평강의 하나님이 너희와 함께 계시리라

바울은 옥중에서 빌립보 교인들이 더욱 믿음 안에서 강건하기를 원했습니다.

- 염려(6절) : 세상적인 가치를 추구하느라 노심초사함
- 하나님의 평강(7절) : 하나님의 은혜를 생각하며 기뻐하며 이웃에게 관용을 베풀며 신실하게 기도한 결과로 주시는 상급이다.

본문을 자신이 이해한 내용으로 요약해 보세요.

....

....

말씀을
살피고

❶ 염려, 근심, 걱정은 장래나 어떤 것에 대한 두려움에서 야기됩니다. '염려'를 놓는 대신 무엇을 해야 합니까? (6절)

....

....

❷ 자신 속의 그림자가 없음에 사람은 담대할 수 있습니다. 다음 항목에 비추어 자신을 생각해 보세요.

우리는 무엇에든지
- 참돼야 한다. ⇒ ....

....

- 경건해야 한다. ⇒ ....

....

• 옳아야 한다. ⇒

• 정결해야 한다. ⇒

• 사랑스러워야 한다. ⇒

• 칭찬할 만 해야 한다. ⇒

❶ 결국 참된 용기는 내가 누구와 함께 있는가 하는 것입니다. (9절)

말씀뜻
발견

나는   함께 한다.

그러기 위해   해야 한다.

그리스도의 군사는 어떤 경우에도 비굴하지 않습니다. 포기하지 않습니다. 죄나 불의에 타협하거나 물러서지 않습니다.

❷ 그러나 일생은 일진 일퇴, 삼라 계곡, 기쁨과 실망의 연속입니다. '역경에 대처하는 담대한 사람'은 다음의 자세를 갖습니다.

• 신뢰 : 욥기 13장 15절을 풀어 써 보세요.

....

....

....

....

역경에 대한 최선의 해독제는 진정제가 아니라 신뢰입니다. 하나님은 우리가 감당할 수 있는 만큼의 짐만 지게 하십니다. 그분은 자신의 자녀를 결코 버리지 않으십니다(나 1:7).

• 수용 : 고린도후서 12장 9절을 풀어 써 보세요.

....

....

....

....

용기있는 자는 이 상황 뒤에 있는 하나님의 뜻을 믿으며, 그 감춰진 목적이 무엇인지 이해할 수 없을 때 조차 하나님의 뜻을 받아들입니다.

• 만족 : 빌립보서 4장 11절을 풀어 써 보세요.

....

....

진정한 만족은 상황에 있지 않고, 나와 주님이 맺고 있는 개인적 관계에 있습니다.

한토막 삽화

자신의 결점이나 불리한 상황을 보고 좌절할 필요는 없습니다. 자기 집에 많은 재물을 두고 남의 집으로 구걸하러 다니는 사람이 있다면 다 웃을 것입니다. 하나님은 우리 모두에게 자신의 것을 발견하고, 힘차게 살 수 있는 힘을 주셨습니다. 우리가 먼저 할 일은 자신을 발견하는 것입니다. "그리스도 안에 있는 나, 나는 이제 무엇을 할 수 있을까요?" 내가 결실을 맺지 못하는 이유는 스스로 노력과 인내가 부족해서 그리고 하나님에 대한 신뢰가 부족해서 스스로 실망해 버리기 때문입니다.

말씀과 함께

❶ 자신이 자주 낙담하거나 좌절하는 이유는 무엇인가요? 이때 당신은 이것을 어떻게 극복합니까? 자신을 향한 '격려문'을 써 보세요(솔직하게).

언 어 생활

아무리 보아도 외모가 시원치 않은 사람 가운데 대단히 매력적인 사람이 있는 것은 왜일까요? 아마도 그의 말하는 태도나 말의 내용이 남다른 데가 있기 때문일 것입니다.

말은 자신의 생각이나 마음을 남에게 전달하는 도구이며, 이는 하나님이 인간에게만 주신 특별한 특권입니다. 그런데 요즈음 우리들의 언어생활은 어떠합니까?

최근에 내가 겪은 일로 말을 잘못해서 생긴 고통은 어떤 것이 있습니까?

....

....

말은 혀를 통하여 나옵니다. 이 혀에 관한 성경의 지적은 무엇일까요? 야고보
서 3장 8-12절을 읽으세요.

8 혀는 능히 길들일 사람이 없나니 쉬지 아니하는 악이요 죽이는 독이 가득한 것
이라 9 이것으로 우리가 주 아버지를 찬송하고 또 이것으로 하나님의 형상대로
지음을 받은 사람을 저주하나니 10 한 입으로 찬송과 저주가 나는도다 내 형제들아 이
것이 마땅치 아니하니라 11 샘이 한 구멍으로 어찌 단 물과 쓴 물을 내겠느뇨 12 내 형
제들아 어찌 무화과나무가 감람 열매를, 포도나무가 무화과를 맺겠느뇨 이와 같이 짠
물이 단 물을 내지 못하느니라

본문은 인간 언어의 이중성을 고발합니다. 유대인들이 하나님을 찬양 받
으실 분이라고 한 것은 거의 습관적이었습니다(롬 1:25). 그러면서 이웃에
대한 험담, 저주를 곁들여 토해내곤 했습니다.

• 혀는 … 악이요(8절) : 인간의 통제선을 넘어선 언어의 잔인성과 피해를
  지적한 말이다.
• 하나님의 형상(9절) : 여기서는 본래적 형상보다 인격과 관계된 내면성을
  말한다(고후 4:4).

본문을 자신의 말로 정리해 보세요.

....

....

말씀을
살피고

❶ 사람의 혀는 어떤 특징이 있습니까? (8절)

....

위와 유사한 자신의 경험 하나만 말해 보세요.

....

....

❷ 혀가 만들어 낼 수 있는 두 가지 극단적인 상황은 무엇이라 했습니까? (9절)

....

자신에게 그런 예가 있으면 말해 보세요.

....

....

....

....

❶ 각각의 경우에 해당되는 성구를 풀어 써 보세요.

• 우리들의 언어는 늘 진실해야 한다.

에베소서 4장 25절 ⇒

_____

• 우리들의 말은 분명해야 한다.

고린도전서 14장 8절 ⇒

_____

• 우리는 과장하지 말고 정확하게 이야기를 해야 한다.

골로새서 4장 6절 ⇒

_____

• 우리는 하나님 앞에서 나의 말에 책임을 질 수 있어야 한다.

디도서 2장 8절 ⇒

_____

• 우리는 말을 아껴야 한다.

잠언 10장 19절 ⇒

_____

❷ 위 경우들 중에서 당신에게 제일 연약한 부분은 어느 것입니까?

_____

한토막
삽화

유대인의 지혜의 보고인 탈무드에는 다음과 같은 이야기가 있습니다.

거리를 걸어가는 장사꾼이 큰 소리로 "인생의 비결을 살 사람은 없나요?"
하고 외쳤다. 그러자 순식간에 온 동네 사람들이 인생의 비결을 사기 위
해 모여들게 되었다. 그들 중에는 랍비도 끼어 있었다. "어서 그 인생의
비결을 삽시다."라고 조르자 장사꾼이 이렇게 말했다. "인생을 참되게 사
는 비결이란 혀를 함부로 사용하지 않는 것이다."

말씀과
함께

❶ 사나운 말, 독단적인 언어, 욕설, 과장이 담긴 말들은 없애기로 합시다. 오
히려 하나님께 영광을 돌리는 찬양이나 기도의 말, 감사의 말 그리고 서로를
격려하고 깨우쳐 주는 말을 합시다. 막연히 코미디언의 흉내를 내거나, 은어나
속어를 자랑스레 지껄이는 일들을 멀리합시다.

디모데전서 2장 22, 23절을 큰 소리로 읽으세요. 그리고 '말을 위한 기
도문'을 간단히 써 보세요.

성실성

요즘은 똑똑한 사람이 많습니다. 그러나 믿을 수 있는 사람은 보기 힘듭니다. 큰 공장을 운영하는 사람은 자신의 수하에 믿을 만한 사람이 없다고 한탄합니다. 정치계에서도 교회에서도 마찬가지로 한탄합니다. 왜 그럴까요? 사람들이 무엇을 잃어서일까요? 바로 성실(Integrity)입니다. 그러나 학교에서는 우리에게 더 높은 점수만을 요구할 뿐, 성실한 인격을 갖추는 것에는 거의 무관심한 듯합니다. 성실, 그것은 바로 경건의 표적임에도 불구하고 말입니다.

마음을 열고

당신이 지금까지 살아오는 동안에, 참 성실한 사람이라고 느꼈던 사람이 있습니까? 그가 어떤 사람이었는지 설명해 보세요.

말씀을 펴서

다니엘서 6장 1-10절을 읽어 보세요. 다리오 왕은 실로 성실한 사람을 필요로 하고 있었습니다.

1 다리오가 자기의 심원대로 방백 일백이십 명을 세워 전국을 통치하게 하고 2 또 그들 위에 총리 셋을 두었으니 다니엘이 그 중에 하나라 이는 방백들로 총리에게 자기의 직무를 보고하게 하여 왕에게 손해가 없게 하려 함이었더라 3 다니엘은 마음이 민첩하여 총리들과 방백들 위에 뛰어나므로 왕이 그를 세워 전국을 다스리게 하고자 한지라 4 이에 총리들과 방백들이 국사에 대하여 다니엘을 고소할 틈을 얻고자 하였으나 능히 아무 틈, 아무 허물을 얻지 못하였으니 이는 그가 충성되어 아무 그릇함도 없고 아무 허물도 없음이었더라 5 그 사람들이 가로되 이 다니엘은 그 하나님의 율법에 대하여 그 틈을 얻지 못하면 그를 고소할 수 없으리라 하고 6 이에 총리들과 방백들이 모여 왕에게 나아가서 그에게 말하되 다리오 왕이여 만세수를 하옵소서 7 나라의 모든 총리와 수령과 방백들과 모사와 관원이 의논하고 왕에게 한 율법을 세우며 한 금령을 정하실 것을 구하려 하였는데 왕이여 그것은 곧 이제부터 삼십일 동안에 누구든지 왕외에 어느 신에게나 사람에게 무엇을 구하면 사자 굴에 던져 넣기로 한 것이니이다 8 그런즉 왕이여 원컨대 금령을 세우시고 그 조서에 어인을 찍어서 메대와 바사의 변개치 아니하는 규례를 따라 그것을 다시 고치지 못하게 하옵소서 하매 9 이에 다리오 왕이 조서에 어인을 찍어 금령을 내니라 10 다니엘이 이 조서에 어인이 찍힌 것을 알고

도 자기 집에 들어가서는 그 방의 예루살렘으로 향하여 열린 창에서 전에 행하던 대로 하루 세 번씩 무릎을 꿇고 기도하며 그 하나님께 감사하였더라

바벨론의 왕인 다리오(62세)는 막강한 세력을 가지고 있었습니다. 그는 전역에 120명의 감독관을 세워 다스리게 했으며, 이들을 통괄하기 위해 3명의 총리를 세웠습니다. 총리는 그 왕국에서 가장 신뢰를 받는 사람들이었으며 막중한 권세를 가진 이들이었습니다. 이때 나이 80대에 달한 다니엘은 총리들 중에서도 상위권자였습니다.

- 능히 아무 틈, 아무 허물을 얻지 못하였으니(4절) : 아무런 모함거리를 찾지 못한 그들은 이제 다니엘의 신앙에서 트집을 잡으려고 흉계를 꾸몄다.
- 그 조서에 어인을 찍어서(8절) : 모리배들은 자신들이 목적한 바를 확실하게 하기 위해 왕의 인을 찍도록 요청하였다.

본문을 자신이 이해한 내용으로 간단히 요약해 보세요.

....

....

❶ 바벨론에서 다니엘이 가진 위치는 어떠했습니까?(3절)

....

이 세상에서는 무엇을 아느냐로 승진을 결정지을 때가 많습니다. 그러나 하나님의 나라에서는 당신이 무엇을 아느냐가 아니라 당신이 누구인가가 중요합니다. 하나님께서는 다니엘의 생애에 나타난 성실 때문에 왕의 마음을 움직여 그의 승진을 결정하도록 하셨습니다.

❶ 4절에서 알 수 있는 다니엘의 마음가짐은 어떠했습니까?

....

적들은 다니엘의 생활 속에서 허물을 찾고자 했습니다. 생각해 봅시다.
우리의 삶을 가면으로 가리고 훌륭한 것처럼 가장하는 것은 쉬운 일입
니다. 그러나 우리가 한 일은 우리 마음의 정체를 드러내고야 맙니다.

❷ 충실이란 영적인 생활뿐만 아니라 일상생활 속에서도 쉽게 측정될 수 있는
것입니다. 다니엘은 직무에 태만했다는 증거가 없었습니다.

❸ "아무 허물도 없었음이라."(4절)에서 알 수 있는 다니엘의 인격은 어떠했습
니까? (5절 참조)

....

결국 다니엘이 하나님을 믿는다는 것 외에는 다른 흠을 찾을 수 없었습
니다.

❹ 다니엘은 자신을 위협하는 법령이 공포된 것을 알았습니다. 그럼에도 불구
하고 그의 자세는 어떠했습니까? (10절)

....

여기서 발견하는 그의 성실은 하나님과의 동행을 계속한 것입니다. 그

는 공포로 떨지 않았습니다. 이전에 행하던 대로 계속 하루에 세 번씩 하나님 앞에 꾸준히 무릎을 꿇었습니다.

한토막 삽화

일찍 부모를 여의고 조부의 손에서 자란 에드워드 보크는 집이 너무 가난했기에 고향을 떠나야만 했습니다. 그가 지닌 것은 할아버지의 마지막 당부, "어디를 가든지 너로 인해 네가 있는 곳이 나아지도록 힘쓰라."는 것뿐이었습니다. 미국 본토에 내린 그는 신문팔이부터 시작했습니다. 신문을 파는 틈틈이 가판점 주변의 휴지와 꽁초들을 주웠습니다. 손님들은 이 깨끗한 신문 가판점을 즐겨 애용하였습니다. 그 덕택에 에드워드는 그 뒤로 몇몇 직장을 거쳐 커트스 출판사의 사장으로까지 성공하였습니다. 그는 "네가 어찌하여 여기 있느냐?"(왕상 19:9)는 하나님의 음성을 들으며 꾸준히 성실한 삶을 가꾸어갔던 것입니다.

말씀과 함께

❶ 다니엘이 지녔던 성실의 표적 4가지를 써 보세요.

하나.

두울.

세엣.

네엣.

그러한 성실의 결과로 그는 공공연히 체포당하였고, 사자 굴속에까지 들어가게 되었습니다. 성실한 사람도 사람들로부터 응당 받아야 할 것을 받지 못할 때가 많습니다. 그러나 하나님으로부터는 최상의 것을 받게 될 것입니다. 매일 매일 하나님께 최우선권을 두십시오!

나의 성격

우리는 평소에 성격(personality)이라는 말을 잘 씁니다. "그 애는 성격이 참 좋아!" "아, 나는 성격이 왜 이럴까?" 또 사람들은 성격이란 것은 평생 동안 변하지 않는 것으로 생각하고 있습니다. 성격이란 무엇이기에 좋기도 하고 나쁘기도 하고, 부드럽기도 하고 딱딱하기도 할까요? 성격은 환경에 대한 적응을 결정짓는 특징, 곧 사고, 행동, 감정들이라고 정의할 수 있습니다. 어떤 사람은 명랑하고 어떤 사람은 무미건조하며 또 다른 사람은 냉랭합니다. 이러한 특성들은 모두가 성격을 가리키는 말들입니다.

내가 생각하는 나의 성격에 대해 솔직하게 말해 보세요.

마음을 열고

....

....

....

....

성경에 등장하는 수많은 인물들도 다양한 성격을 보여 주고 있습니다. 구약의 선지자 엘리야에 관해 살펴보시겠습니까? 열왕기상 19장 1-8절을 읽으세요.

말씀을 펴서

1 아합이 엘리야의 무릇 행한 일과 그가 어떻게 모든 선지자를 칼로 죽인 것을 이세벨에게 고하니 2 이세벨이 사자를 엘리야에게 보내어 이르되 내가 내일 이맘때에는 정녕 네 생명으로 저 사람들 중 한 사람의 생명 같게 하리라 아니하면 신들이 내게 벌 위에 벌을 내림이 마땅하니라 한지라 3 저가 이 형편을 보고 일어나 그 생명을 위하여 도망하여 유다에 속한 브엘세바에 이르러 자기의 사환을 그곳에 머물게 하고 4 스스로 광야로 들어가 하룻길쯤 행하고 한 로뎀나무 아래 앉아서 죽기를 구하여 가로 되 여호와여 넉넉하오니 지금 내 생명을 취하옵소서 나는 내 열조보다 낫지 못하니이다 하고 5 로뎀나무 아래 누워 자더니 천사가 어루만지며 이르되 일어나서 먹으라 하는지라 6 본즉 머리맡에 숯불에 구운 떡과 한 병 물이 있더라 이에 먹고 마시고 다시 누웠더니 7 여호와의 사자가 또 다시 와서 어루만지며 이르되 일어나서 먹으라 네가 길을 이기지 못할까 하노라 하는지라 8 이에 일어나 먹고 마시고 그 식물의 힘을 의지하여 사십주 사십야를 행하여 하나님의 산 호렙에 이르니라

본문은 엘리야가 사악한 왕비 이세벨을 피하여 호렙산으로 도망간 사건에 대한 기록입니다. 잠시 전만 해도 엘리야는 사기가 충천하여 있었습니다.

• 저 사람들(2절) : 기손 시내에서 죽임 당한 거짓 선지자들을 가리킴
• 여호와의 사자(7절) : 하나님의 보내심을 받은 천사
• 호렙(8절) : 건조한 곳이라는 뜻으로 시내산과 같은 지명

본문을 요약해 보세요.

....

....

....

....

❶ 이세벨은 엘리야의 이적에 관해 이야기를 전해 들었을 것입니다. 그러나 엘리야에 대한 그녀의 반응은 어떠했습니까? (2절)

....

그녀는 진리에 대하여 눈이 멀고 마음이 교만해졌기 때문(고후 4:4)에 이러한 것을 듣고도 오히려 엘리야를 죽이려 했습니다.

❷ 18장의 분위기로 보아 엘리야는 이때 어떻게 했을 것이라고 생각됩니까? 그러나 실제는 어떠했습니까?

....

더더구나 하나님에 대한 그의 자세는 어떠합니까? (4절)

❶ 여기서 파악할 수 있는 엘리야의 성격은 어떠합니까?

말씀뜻
발견

당신은 가끔 어떤 신체적 혹은 생리적 요인으로 우울해지거나 외로움에 빠지지는 않습니까? 엘리야처럼 화려한 성취 후에 우울에 빠진 적은 없습니까?

❷ 이때 하나님은 어떻게 하십니까?

쉬 낙담하는 성격의 사람 엘리야를 하나님은 다시 일으켜 세우셨습니다.

❸ 어떤 성격의 소유자이든 하나님과의 만남은 새로운 시작일 수 있습니다. 성격의 장단점까지도 성령의 도우심으로 적절히 쓰임을 받을 수 있습니다. 다음은 각각 누구를 설명하고 있을까요? 보기에서 찾아 답해 보세요.

첫 번째, 그는 불같은 성격의 소유자였다. ⇒
두 번째, 정열적이나 지칠 줄 모르는 소유욕이 있었다. ⇒

세 번째, 대체로 솔선수범형이나 성질이 급했다. ⇒

보기 : 베드로, 모세, 다윗

한토막 삽화

히포크라테스는 사람의 기질을 넷으로 나누었습니다.

네 가지 기질의 약점과 장점

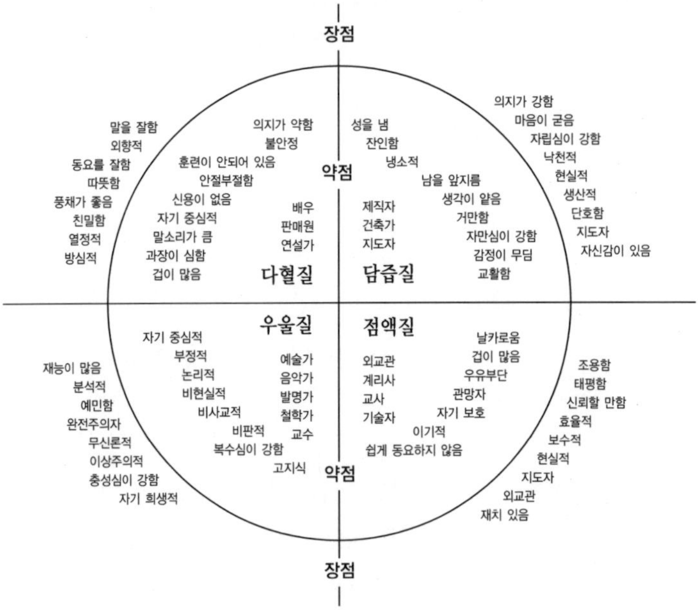

예) 다혈질 → 베드로, 우울질 → 모세, 담즙질 → 바울, 점액질 → 아브라함

❶ 말씀을 이길 힘은 아무에게도 없습니다. 어떤 기질, 어떤 성격도 말씀 앞에 순종함으로써 성령 충만함을 받는 변형된 모습들을 보여줍니다.
찬송가 349장 '나 주의 도움 받고자'를 조용히 부르고 나의 성격을 위해 기도합시다.

나 주의 도움 받고자

1 나 주의 도움 받고자 주 예수님께 빕니다
   그 구원 허락하시사 날 받으옵소서
2 큰 죄에 빠져 영 죽을 날 위해 피 흘렸으니
   주 형상대로 빚으사 날 받으옵소서
3 내 힘과 결심 약하여 늘 깨어지기 쉬우니
   주 이름으로 구원해 날 받으옵소서
4 내 주님 서신 발 앞에 나 꿇어 엎드렸으니
   그 크신 역사 이루게 날 받으옵소서

후렴 내 모습 이대로 주 받으옵소서
         날 위해 돌아가신 주 날 받으옵소서 아멘

공부의 의미

오래 전부터 사람든은 '학교'라는 제도를 만들고 그곳에서 일정한 교육 과정을 통하여 인류 문화의 계승을 도모해 왔습니다. 그래서 우리도 이미 유치원과 초등학교를 거쳐 중학교 혹은 고등학교에 도달해 있습니다. 학교에서 이루어지는 일 가운데 공부의 비중은 누구도 가볍게 여길 수 없습니다. 우리는 때로 공부 없는 나라, 시험 없는 낙원을 꿈꿀만큼 엄청난 스트레스를 공부를 통해 받기도 합니다.

과연 공부는 왜 해야 되는지, 어떻게 해야 되는지 그리고 기독 학생으로서 꼭 염두에 두어야 할 일은 무엇인지 생각해 봅시다.

당신에게 있어 제일 취약한 학과목은 어떤 것입니까? 그 이유는 무엇일까요?

학과목 : ....

이유 : ....

오늘 우리는 주님께서 베푸신 비유 중 '달란트의 비유'를 통하여 공부하는 자의 자세를 살펴봅시다. 마태복음 25장 14-23절(30절까지 참조)을 읽으세요.

 14 또 어떤 사람이 타국에 갈제 그 종들을 불러 자기 소유를 맡김과 같으니 15 각
각 그 재능대로 하나에게는 금 다섯 달란트를, 하나에게는 두 달란트를, 하나에게는 한 달란트를 주고 떠났더니 16 다섯 달란트 받은 자는 바로 가서 그것으로 장사하여 또 다섯 달란트를 남기고 17 두 달란트 받은 자도 그같이 하여 또 두 달란트를 남겼으되 18 한 달란트 받은 자는 가서 땅을 파고 그 주인의 돈을 감추어 두었더니 19 오랜 후에 그 종들의 주인이 돌아와 저희와 회계할쌔 20 다섯 달란트 받았던 자는 다섯 달란트를 더 가지고 와서 가로되 주여 내게 다섯 달란트를 주셨는데 보소서 내가 또 다섯 달란트를 남겼나이다 21 그 주인이 이르되 잘 하였도다 착하고 충성된 종아 네가 작은 일에 충성하였으매 내가 많은 것으로 네게 맡기리니 네 주인의 즐거움에 참예할지어다 하고 22 두 달란트 받았던 자도 와서 가로되 주여 내게 두 달란트를 주셨는데 보소서 내가 또 두 달란트를 남겼나이다 23 그 주인이 이르되 잘 하였도다 착하고 충성된 종아 네가 작은 일에 충성하였으매 내가 많은 것으로 네게 맡기리니 네 주인의 즐거움에 참예할지어다 하고

이 비유의 근본 교훈은 모든 사람이 각각 '그 능력에 따라' 하나님으로부터 풍성한 은사를 부여받았다는 것이다. 그러므로 모든 사람은 그 몫에 따라 최선을 다해야 합니다.

- 달란트(15절) : 일반 노동자가 20년 동안 일해야 벌 수 있는 액수의 화폐 단위. 이는 훗날 '재능'을 의미하는 'talent'로 쓰이게 되었다.
- 타국에 갈 제(14절) : 본래 예수께서 승천하심과 심판주로 오실 것을 예견한 것이다(눅 19:12 참조).

위 비유의 줄거리를 정리해 보세요.

....

....

말씀을
살피고

❶ 등장인물은 주인, 종A, 종B, 종C입니다. 주인이 한 일은 무엇입니까? (14절)

....

다음 도표를 채우세요.

	받은 것	한 일	남긴 것
종 A			
종 B			
종 C			

❷ 결과적으로 주인이 종A, 종B, 종C에게 내린 평가는 어떠합니까?

• 종A : ....

• 종B : ....

• 종C : ....

종A, B에 대한 평가를 살펴봤을 때, 발견할 수 있는 것은 무엇입니까?

....

....

❶ 종 A, B, C가 처음 받았던 달란트가 달랐다는 것은 어떤 의미가 있을까요?

....

....

그렇습니다. 영수는 I · Q가 140이나, 철이는 110일 수 있습니다. 순자는 미술과 음악에 탁월하지만 정희만큼 음악을 잘하지 못할 수도 있습니다.

❷ 주인이 취한 종 A, B에 대한 평가 방법에서 느낄 수 있는 것은?

....

우리는 피차 상대적 평가에만 익숙합니다. 그러나 주님은 자신이 세우신 기준에 대하여 '절대 평가'를 하십니다. 따라서 주님의 교실에서는 70점짜리가 100점짜리보다 더 높게 평가될 수 있습니다. 공부는 꼭 1등을 해야만 하는 것입니까? '최고'와 '최선'이 어떻게 다른지 토론해 보세요.

❸ '최선'을 다하는 자세에 큰 걸림돌이 되는 것이 있습니다. '컨닝'의 유혹이 밀려 옵니다. 컨닝은 다음의 말씀과 어떻게 부딪칩니까?

• 출애굽기 20장 15절 :

• 갈라디아서 6장 7절 :

❹ 결국 우리의 공부는 어떤 목적을 가지고 있어야 합니까?

• 고린도전서 10장 31절 :

우리는 잘 먹고 잘 살고 더 출세하기 위해 책을 펴는 것이 아니라, 주께서 내게 주신 달란트를 계발하고, 이를 통해 하나님 나라를 위해, 이웃을 위해 봉사하고자 공부하는 것입니다.

공부, 어떻게 해야 하나?

한토막
삽화

첫 번째, 하나님을 신뢰하라(약 1:5). 주위 환경을 정리하고 정신을 집중하고 연약함을 고하라.
두 번째, 학습 계획을 세우라. 선배의 조언을 구하고 어려운 과목을 먼저 하라.
세 번째, 환경에 지배받지 말고 환경을 지배하라.
네 번째, 정독하기 전에 전체를 먼저 파악하는 통독을 하라.
다섯 번째, 학습 직후에 암기하되 연상을 이용하여 연관을 지으라.
여섯 번째, 체계적으로 노트를 정리해 가라.
일곱 번째, 모르는 내용은 그때 그때 질문하라.

❶ 시간 사용시 지혜는 참으로 필요합니다. 다음 항목들을 우선 순위로 나열해 보세요(요 17:4).

말씀과
함께

TV 시청, 숙제, 잡담, 경건의 시간, 잠, 운동, 식사

....

이외에 당신이 뜻밖에도 많이 허비하는 시간은 무엇입니까? 어떻게 그것을 극복할 수 있을까요?

....

....

....

....

....

여 가 선 용

여가(leisure)란 무슨 말일까요? 과연 '여가'라는 것이 우리 청소년들에게도 있단 말입니까? 거듭되는 시험으로 인한 중압감, 부모님들이나 주위 사람들의 끊임없는 재촉, 더구나 우리는 그리스도인이라는 사실까지 가세하고 있습니다. 우리는 도대체 어떻게 삶을 '즐길 수' 있단 말입니까?

이상하게도 우리는 뭔가 정신 없이 하지 않으면 죄의식을 느끼고, 피곤함이 경건함 다음 가는 신앙의 미덕이라고 믿고 있습니다. 정말 그럴까요? 성경은 여가를 인정하고 있나요? 그렇다면 그 선용은 과연 가능한 것일까요?

'개미와 베짱이'의 우화 중에서 개미가 놓치고 있는 것은 어떤 것들이 있을까 생각해 보세요.

마음을 열고

......

......

성경은 우리에게 "너희는 하나님을 본받는 자가 되라."고 말씀하십니다(엡 5:1). 그렇다면 창조 기사에서 보여 주는 하나님의 모습은 어떤 것이 있을까요? 창세기 1장 26절에서 2장 3절까지를 읽으세요.

말씀을 펴서

26 하나님이 가라사대 우리의 형상을 따라 우리의 모양대로 우리가 사람을 만들고 그로 바다의 고기와 공중의 새와 육축과 온 땅과 땅에 기는 모든 것을 다스리게 하자 하시고 27 하나님이 자기 형상 곧 하나님의 형상대로 사람을 창조하시되 남자와 여자를 창조하시고 28 하나님이 그들에게 복을 주시며 그들에게 이르시되 생육하고 번성하여 땅에 충만하라, 땅을 정복하라, 바다의 고기와 공중의 새와 땅에 움직이는 모든 생물을 다스리라 하시니라 29 하나님이 가라사대 내가 온 지면의 씨 맺는 모든 채소와 씨 가진 열매 맺는 모든 나무를 너희에게 주노니 너희 식물이 되리라 30 또 땅의 모든 짐승과 공중의 모든 새와 생명이 있어 땅에 기는 모든 것에게는 내가 모든 푸른 풀을 식물로 주노라 31 하나님이 그 지으신 모든 것을 보시니 보시기에 심히 좋았더라 저녁이 되며 아침이 되니 이는 여섯째 날이니라 1 천지와 만물이 다 이루니라 2 하나님의 지으시던 일이 일곱째 날이 이를 때에 마치니 그 지으시던 일이 다하므로 일곱째 날에 안식하시니라 3 하나님이 일곱째 날을 복 주사 거룩하게 하셨으니 이는 하나님이 그 창조하시며 만드시던 모든 일을 마치시고 이 날에 안식하셨음이더라

본문은 태초에 일어난 하나님의 창조 사역을 묘사하고 있습니다. 여기서 우리는 하나님께서 네 가지의 활동 즉 창조, 대화, 안식, 교제에 관여되어 있는 것을 발견하게 될 것입니다.

• 너희 식물이 되리라(29절) : 홍수 이전까지 인간에게는 육식이 허용되지 않았다.
• 안식하시니라(2절) : 하나님의 안식(sabbath)은 인간의 휴식의 전형이 된다. 이 날은 이스라엘 백성에게 후일 정규적인 활동을 중지하는 시간으로 주어진다(출 16:29).

본문을 자신이 이해한 내용으로 간단히 요약해 보세요.

....

....

말씀을 살피고

❶ 아직 모든 것은 "혼돈하고 공허"(1:2)했습니다. 그러나 창조의 마지막은 무슨 일이 있었습니까? (26-28절)

....

❷ 28절과 31절에는 각각 누구와 누구의 '대화'가 나타나 있습니까?

28절: ....

31절: ....

❸ 여섯째 날의 창조를 마치시고 하나님께서는 어떻게 하셨습니까? (2:1-3)

....

....

❶ 사람을 만드신 다음, 하나님께서는 자신이 지으신 것들 중 최고의 형상인 인간과 대화하셨습니다. 이 사실은 우리에게 어떤 교훈을 줍니까?

말씀뜻 발견

....

....

우리는 바쁜 가운데서라도 시간을 내어 주위 사람들과 대화를 나눌 수 있어야 합니다. 진실한 대화, 친절한 말이 필요합니다.

❷ 또한 자신과의 대화도 중요합니다. 특히 이 대화는 자신에 대해 어떤 자세를 보여줍니까?

....

....

우리는 시간을 내어 우리 자신과 대화하고 자신을 긍정해야 합니다.

❸ 하나님은 창조 사역을 마치신 후, 온종일 안식하셨습니다. 당신은 이 날을 어떻게 보내십니까?

....

....

만약 우리가 '하나님을 본받고자' 한다면 안식을 소중히 생각해야 합니다. 예수님께서도 군중을 떠나서 제자들과 함께 휴식의 시간을 즐기셨습니다. 예수님의 삶은 아름답게 균형 잡힌 생활이었습니다.

"고양아, 고양아. 어디에 갔었니?"
"여왕님을 뵈러 런던에 갔었지요."
"고양아, 고양아. 거기서 무얼 했니?"
"의자 밑에 생쥐 한 마리를 놀래 주었지요."

이 작은 시는 생전 처음 런던에 여행 갔던 생쥐의 모습을 보여줍니다. 그곳에는 고풍 당당한 정경들이 널려 있었습니다. 그러나 고양이는 거기서도 쥐를 쫓는 일에만 열중했기 때문에 휴가 때에조차 단조로운 일상사를 벗어나지 못했습니다. 이는 많은 일을 떠맡고, 일에 쫓기면서 뛰어가는 일 중독자의 모습을 단적으로 보여주는 예입니다.

❶ 당신의 일과표를 정리하여 창조적인 여가 시간을 만들어 보세요.

....

....

도움이 될 만한 두 가지 제안 : 의도적으로 끝없는 인생사에 몰두하는 일을 그치세요. 오직 하나님께서만 하실 수 있는 일들은 그분이 하시도록 내버려두세요. 또한 의식적으로 여가를 위한 시간을 갖도록 하세요. 당신이 여가시간을 어떻게 보냈는가는 당신이 부지런히 일하며 보낸 시간들보다 훨씬 더 중요하게 평가될 것입니다.